PROGRAMA DO PARTIDO COMUNISTA DA RÚSSIA

Parte final de *O ABC do Comunismo*

N. BUKHARIN

E. PREOBRAZHENSKY

DEDICATÓRIA DOS AUTORES

À encarnação adamantina de toda a grandeza e vigor do proletariado, que incorpora seu heroísmo, a definição de sua consciência de classe, seu ódio mortal ao capitalismo e seu esplêndido impulso em direção à criação de uma nova sociedade - ao grande Partido Comunista - dedicamos este livro.

Nós dedicamos este livro ao Partido que comanda um exército de um milhão de homens, habita nas trincheiras, administra um vasto reino, carrega lenha nos sábados comunistas, prepara o dia da ressurreição da humanidade.

Dedicamos este livro igualmente aos veteranos do Partido, forjados nas batalhas e nas vitórias, e aos jovens recrutas do Partido, destinados a levar o nosso trabalho até ao fim.

Aos guerreiros e mártires do Partido, aos que pereceram nas inúmeras frentes, que foram mortos na prisão, que pereceram sob tortura, que ao fazer o trabalho do Partido foram enforcados ou fuzilados por nossos inimigos, nós dedicamos este livro.

DEDICATÓRIA DA TRADUTORA

Esta tradução é dedicada a todos os estudantes, pesquisadores e interessados no tema. Este livro foi uma das sugestões de leitura feita por Gramsci a todos os trabalhadores em um de seus artigos.

CONTEÚDO

APRESENTAÇÃO DA TRADUÇÃO

Esta tradução compreende a terceira e última parte da obra *O A B C do Comunismo*, em complementação à primeira e segunda, recentemente lançadas. Ela foi traduzida da publicação em inglês. A primeira parte diz respeito ao campo teórico; a segunda parte corresponde à prática; e esta terceira parte foi destinada ao Programa do Partido Comunista na Rússia.

O projeto de tradução que se conclui com a publicação desta obra buscou maior fidelidade possível com o texto de partida, mas também buscou obedecer às normas de ortografia vigentes da língua portuguesa. Por esta razão, a numeração dos parágrafos foi mantida conforme o original, não seguindo a ordem crescente. Eventuais explicações foram incorporadas como notas de rodapé para auxiliar a compreensão.

Exatamente 100 anos depois de sua publicação no Reino Unido, esta obra tem o objetivo de auxiliar pesquisadores, além de buscar divulgar a produção de Bukharin e Preobrazhensky, que procuravam esclarecer ao máximo o que era o comunismo.

Este livro foi uma das sugestões de leitura feita por Gramsci a todos os trabalhadores em um de seus artigos.

Espera-se que a obra possa ser útil a todos.

Elita de Medeiros

O PROGRAMA DO PARTIDO COMUNISTA DA RÚSSIA

Adotado no oitavo congresso do partido, realizado de 18 a 28 de março de 1919

§§ 1-5 Na revolução de novembro [25 de outubro, estilo antigo; 1 de novembro, novo estilo, 1917[1]] na Rússia, realizou-se a ditadura do

---

[1] Na Rússia, novas datas de estilo entraram em uso no início de 1918, quando 31 de janeiro de 1918 foi seguido por 14 de fevereiro do mesmo ano: há uma diferença de 13 dias entre as datas do Estilo Antigo (Calendário Juliano) e do Novo Estilo (Calendário Gregoriano) desde 1º de março de 1900 (Segundo a *História do Calendário na Rússia e na URSS*). Muitos países ortodoxos orientais continuam a usar o antigo calendário juliano para fins religiosos. É comum em publicações em inglês usar os termos familiares do Velho Estilo e / ou do Novo Estilo para discutir eventos e personalidades em outros países, especialmente com referência ao Império Russo e ao início da Rússia Soviética. Por exemplo, no artigo *A Revolução de outubro*

proletariado, que começou a construir as bases da sociedade comunista com a ajuda dos camponeses pobres ou do semiproletariado. O desenvolvimento da revolução na Alemanha e na Áustria-Hungria, o crescimento do movimento revolucionário do proletariado em todos os países avançados, a difusão da forma soviética desse movimento (a forma que visava diretamente à realização da ditadura do proletariado) – essas coisas combinadas servem para mostrar que a era da revolução comunista proletária mundial havia começado. Essa revolução foi o resultado inevitável do desenvolvimento do capitalismo, até então dominante na maioria dos países civilizados. Se ignorarmos a designação enganosa do partido como *social-democrata* e usarmos a palavra *comunista*, nosso antigo programa caracterizava com precisão, nas seguintes teses, a natureza do capitalismo e da sociedade burguesa:

§§ 6-13 "Como principal característica desta sociedade, existe a produção de

---

(novembro), a *Encyclopædia Britannica* usa o formato *25 de outubro (7 de novembro, novo estilo)* para descrever a data do início da revolução.

mercadorias sobre o fundamento das relações produtivas capitalistas, de acordo com as quais a parte mais importante e significativa dos meios de produção e distribuição de mercadorias pertence a uma classe comparativamente pequena de pessoas, enquanto a maioria da população é composta por proletários e semiproletários, que são obrigados, por sua posição econômica, a vender sua força de trabalho permanentemente ou de tempos em tempos, compelidos a se tornarem trabalhadores assalariados a serviço dos capitalistas, e criar, por meio do seu trabalho, a renda das classes mais altas da sociedade".

§ 14 "O domínio das relações produtivas capitalistas estende-se continuamente na proporção do aperfeiçoamento contínuo da técnica, que aumenta a importância econômica das grandes empresas e leva ao esmagamento dos pequenos produtores independentes, convertendo alguns deles em proletários, restringindo o papel do restante na vida social e econômica, e em muitos lugares tornando-os mais ou menos completos, mais ou menos óbvios, mais ou menos miseráveis — os dependentes do capital".

§ **15** "Além disso, esse progresso técnico permite que os empresários, cada vez mais, apliquem o trabalho de mulheres e crianças ao processo de produção e distribuição de mercadorias. Na mesma medida, por outro lado, leva a uma restrição comparativa da demanda por parte dos empresários para o trabalho vivo dos trabalhadores, de modo que a demanda de força de trabalho é necessariamente inferior à oferta. Então surge, em primeiro lugar, um aumento na dependência do trabalho assalariado em relação ao capital e, em segundo lugar, um aumento na taxa de exploração".

§ **16** "Esse estado de coisas nos países capitalistas e a contínua intensificação de sua concorrência no mercado mundial fazem surgir cada vez mais dificuldades em escoar as mercadorias que são produzidas em quantidades continuamente crescentes. Superprodução, manifestando-se em crises de produção mais ou menos agudas, seguidas de períodos de estagnação mais ou menos prolongados, é o resultado inevitável do desenvolvimento da força produtiva na sociedade burguesa. As crises e os períodos de estagnação da produção levam, por sua vez, à ruína cada vez mais generalizada dos pequenos produtores, aumentam a dependência do trabalho assalariado em relação ao capital, e dão origem ainda mais rapidamente a um agravamento comparativo ou absoluto da posição da classe trabalhadora".

§ 17 "Dessa forma, o aperfeiçoamento da técnica, levando ao aumento da produtividade do trabalho e ao aumento da riqueza social, acarreta, na sociedade burguesa, um aumento da desigualdade social, um alargamento do abismo entre os que têm e os que não têm, um aumento na insegurança da vida, no desemprego e em vários tipos de privação para círculos cada vez mais amplos entre as massas trabalhadoras. Na medida em que crescem e se desenvolvem as contradições próprias da sociedade burguesa, também aumenta o descontentamento das massas trabalhadoras e exploradas com a ordem existente, e ainda aumenta o número e a solidariedade dos proletários e a intensidade de sua luta com os exploradores".

§ 18 Ao mesmo tempo, o avanço da técnica, concentrando os meios de produção e distribuição e socializando o processo de trabalho em empreendimentos capitalistas, cria cada vez mais rapidamente as possibilidades materiais para a transformação das relações produtivas capitalistas em comunistas; ou seja, cria a revolução social, que tem como objetivo final todas as atividades dos partidos comunistas internacionais, considerados como expressões conscientes do movimento de classe.

§§ 19-22 "Transformando a propriedade privada dos meios de produção e distribuição em propriedade social, e levando à organização intencional do processo produtivo social para a salvaguarda da prosperidade e do desenvolvimento multifacetado de todos os membros da sociedade, a revolução social do proletariado põe fim à divisão da sociedade em classes e, assim, liberta toda a humanidade oprimida, assim abolindo todas as formas de exploração de uma parte da sociedade por outra".

§§ 23-24 "Uma condição necessária para essa

revolução social é a ditadura do proletariado, ou seja, a conquista pelo proletariado de um grau de poder político que lhe permita esmagar a resistência dos exploradores".

§ 25 "Determinado a tornar o proletariado capaz de cumprir sua grande missão histórica, o Partido Comunista Internacional organiza o proletariado em um partido político independente, oposto a todos os partidos burgueses; lidera os trabalhadores em todas as manifestações da luta de classes; revela aos explorados o irreconciliável conflito de interesses entre eles e os exploradores; e explica ao proletariado o significado histórico e as condições necessárias da revolução social iminente. Ao mesmo tempo, o partido revela aos outros setores das massas trabalhadoras e exploradas a desesperança de sua condição na sociedade capitalista, e mostra-lhes que a revolução social é indispensável para que possam garantir sua própria libertação do jugo do capital. O partido da classe operária, o Partido Comunista, convoca todas as camadas da população trabalhadora e explorada para as suas fileiras, desde que aceitem a perspectiva proletária".

§§ 26-28 O processo de concentração e centralização do capital, destruindo a livre concorrência, levou, no início do século XX, à criação de poderosos sindicatos, associações, cartéis e trustes monopolistas e capitalistas, que adquiriram um significado decisivo na vida econômica; também levou à fusão do capital bancário com o capital industrial altamente concentrado, e à vigorosa exportação de capital para terras estrangeiras. Os trustes constituídos por grupos inteiros de potências capitalistas iniciaram a divisão econômica do mundo, que já havia sido dividido territorialmente entre os países mais ricos. Essa época do capital financeiro, inevitavelmente intensificando a luta entre os Estados capitalistas, é a época do imperialismo.

§§ 29-30 Então, inevitavelmente surgem guerras imperialistas, guerras por mercados, por esferas de investimento de capital, por matérias-primas e por força de trabalho; em outras palavras, são guerras pelo domínio mundial e pelo poder sobre nações pequenas e fracas. Assim foi a primeira grande guerra imperialista de 1914 a 1918.

§ **31** O vasto desenvolvimento do capitalismo mundial; a mudança de um sistema de livre concorrência para um sistema em que o capitalismo monopolista era dominante; a criação pelos bancos, e também pelas associações capitalistas, de um aparelho de regulação conjunta do processo de produção e distribuição de mercadorias; o aumento do custo de vida, a opressão dos trabalhadores pelos sindicatos patronais, a escravização da classe trabalhadora pelo Estado imperialista, as colossais dificuldades que o proletariado enfrenta em sua luta econômica e política (fenômenos inevitavelmente associados ao crescimento do monopólio capitalista); as misérias, a pobreza e a ruína que resultaram da guerra imperialista – tudo isso contribuiu inevitavelmente para o colapso do capitalismo e para a transição para um tipo superior de economia social.

§ **32** A guerra imperialista não poderia terminar em uma paz justa, ou mesmo em qualquer tipo de paz estável entre os governos burgueses. No estágio de desenvolvimento que o capitalismo alcançou, essa guerra deve inevitavelmente se transformar, e está se transformando, sob nossos olhos, em uma guerra civil entre as massas exploradas e trabalhadoras (lideradas pelo proletariado) contra a burguesia.

§§ 33-34 A investida vigorosa do proletariado e as vitórias conquistadas pelos trabalhadores em vários países intensificaram a resistência dos exploradores e levaram à criação de novas formas de união internacional entre os capitalistas (a Liga das Nações, entre outras); organizando-se em escala mundial pela exploração sistemática de todos os povos do globo, e concentrando suas forças, elas visam ao esmagamento direto do movimento proletário em todas as terras.

Tudo isso leva inevitavelmente à conjuntura de guerras civis dentro dos Estados individuais, com guerras revolucionárias que são travadas, por uma parte, pelos Estados proletários que se defendem contra o ataque capitalista; e por outra parte, pelos povos oprimidos que tentam se livrar do jugo as potências imperialistas.

Parte final do § 37 - Nestas circunstâncias, as

palavras de ordem do pacifismo, desarmamento internacional sob o capitalismo, fundação de tribunais de arbitragem, entre outros, são algo pior do que o utopismo reacionário: são uma fraude direta aos trabalhadores, visando ao desarmamento do proletariado e a desviá-lo da tarefa de desarmar os exploradores.

Nada além da revolução proletária e comunista pode tirar a humanidade do beco escuro em que foi colocada pelo imperialismo e pelas guerras imperialistas. Por maiores que sejam as dificuldades no caminho da revolução, por mais derrotas temporárias que ela possa suportar, por mais altas que sejam as ondas da contrarrevolução, a vitória final do proletariado está assegurada.

§ 35 Para conseguir a vitória da revolução proletária mundial, é essencial que haja confiança absoluta e mútua, a mais íntima aliança fraterna e a mais alta coesão possível das atividades revolucionárias da classe trabalhadora nos países mais avançados.

Essas condições não podem ser realizadas

sem que seja uma questão de princípio romper relações e travar uma luta impiedosa contra essa perversão burguesa do socialismo, que é dominante na social-democracia oficial e nos partidos socialistas.

§§ 36-38 Nesta perversão se manifesta, por um lado, a tendência do oportunismo e do social-patriotismo, daquilo que se chama socialismo, mas na verdade é social-patriotismo, a máscara daqueles que defendem os interesses predatórios de sua própria burguesia nacional sob a falsa cor das palavras de ordem da defesa da pátria - palavras de ordem aplicadas, em geral e especificamente, à guerra imperialista de 1914 a 1918. Esta tendência originou-se porque a tomada de colônias e a opressão de nações fracas pelos Estados capitalistas avançados permitiu às burguesias desses países, com os vastos ganhos obtidos com esses saques, oferecer uma posição privilegiada aos membros mais qualificados do proletariado, e assim, comprá-los em tempo de paz, dando-lhes um status pequeno-burguês vantajoso; ao mesmo tempo, a burguesia põe a seu serviço os dirigentes dessa camada. Os oportunistas e os sociais-patriotas fanáticos, tornados servos da burguesia, são os inimigos de classe do proletariado, especialmente hoje, quando estão aliados aos capitalistas e tentam, pela força das armas, esmagar o movimento revolucionário do proletariado em suas próprias e em outras terras.

§ 39 Por outro lado, concomitantemente ao crescimento dessa perversão burguesa do socialismo, surge a tendência centrista, que se manifesta da mesma forma em todos os países capitalistas. O centro oscila entre os sociais-patriotas e os comunistas, mantendo sua união com os primeiros e tentando reconstruir o que já está acabado.

§ 40 Segunda Internacional. Como líder da luta do proletariado pela emancipação, existe apenas a nova, a Terceira, a Internacional Comunista, a cujas fileiras pertence o Partido Comunista Russo. Essa Internacional foi, de fato, criada pela organização de partidos comunistas a partir dos elementos genuinamente proletários entre os partidos socialistas em vários países, especialmente na Alemanha; foi formalmente constituída em março de 1919, e sua primeira sessão foi realizada em Moscou. A Internacional Comunista, recebendo cada vez mais apoio das massas proletárias em todos os países, voltou ao marxismo não apenas pelo nome que adotou, mas também por seus princípios ideológicos e políticos, e em todas as suas atividades realiza o ensino revolucionário de Marx, limpo das perversões oportunistas burguesas.

§§ **41-45** Realizando concretamente as tarefas da ditadura do proletariado aplicadas à Rússia, uma terra cuja peculiaridade mais notável é a predominância numérica da camada pequeno-burguesa da população, o Partido Comunista Russo definiu essas tarefas da seguinte maneira:

POLÍTICA GERAL

§§ 46-47 Uma república burguesa, por mais democrática, consagrada pelas palavras de ordem da vontade do povo, que seja da vontade da nação, da vontade de todas as classes, expressa inevitavelmente - pelo próprio fato de se basear na propriedade privada da terra e de outros meios da produção - a ditadura da burguesia, de uma máquina de exploração e opressão da imensa maioria dos trabalhadores pela camarilha capitalista. Em contraste com isso, a democracia proletária ou soviética transforma as organizações de massa dos oprimidos pela classe capitalista, dos proletários e dos semiproletários (os camponeses pobres), ou seja, da imensa maioria da população, na fundação permanente e unificada de todo o aparelho do Estado, local e central, de baixo para cima. Assim, o Estado Soviético realiza, entre outras coisas, de uma forma incomensuravelmente mais ampla do que nunca, o autogoverno local, sem qualquer tipo de autoridade imposta de cima. É tarefa do nosso partido trabalhar incansavelmente em favor da plena inauguração do tipo superior de democracia que precisa, para seu bom funcionamento, da elevação contínua do nível de cultura, da organização e do poder de iniciativa das massas.

§ 48 Em contraste com a democracia burguesa, que oculta o caráter de classe do Estado capitalista, o Poder Soviético reconhece abertamente que todo Estado terá inevitavelmente um caráter de classe até que a divisão da sociedade em classes tenha desaparecido completamente e, com isso, toda autoridade do Estado tenha desaparecido. O Estado soviético, que por sua própria natureza levou ao esmagamento da resistência dos exploradores, e a Constituição Soviética, que se baseia na ideia de que toda liberdade é uma fraude na medida em que conflita com a libertação do trabalho do jugo do capital, não tem medo de privar os exploradores de direitos políticos. O nosso partido, o partido do proletariado, ao mesmo tempo em que esmaga inexoravelmente a resistência dos exploradores, e enquanto luta no campo das ideias contra os preconceitos arraigados, segundo os quais os direitos e liberdades burgueses são considerados invioláveis, deve, ao mesmo tempo, deixar perfeitamente claro que a perda dos direitos políticos, e quaisquer limitações que possam ser impostas à liberdade, são necessárias apenas como medidas temporárias para lidar com as tentativas dos exploradores de recuperar seus privilégios. Concomitantemente com o desaparecimento da possibilidade objetiva de exploração do homem pelo homem, desaparecerá também a necessidade dessas medidas temporárias, e nosso partido visará à sua restrição, e finalmente, à sua completa abolição.

§ **49** A democracia burguesa é organizada com base na difusão formal dos direitos e liberdades políticas: por exemplo, o direito de reunião pública, o direito de combinação, a liberdade de imprensa; todos os cidadãos são considerados iguais nesses aspectos. Mas, de fato, no que diz respeito à prática administrativa, e sobretudo em vista de sua escravidão econômica, sob a democracia burguesa, os trabalhadores sempre estiveram na retaguarda e foram incapazes de realizar esses direitos e liberdades de forma notável.

Pelo contrário, a democracia proletária, ao invés de proclamar formalmente direitos e liberdades, realiza, de fato, esses direitos e liberdades, antes de tudo e mais do que tudo, para aquela mesma classe da população que foi oprimida pelo capitalismo, ou seja, para o proletariado e o campesinato. Por essa razão, o Poder Soviético confisca os bens da burguesia, isto é, suas prensas de impressão, estoques de papel, entre outros, para colocá-los inteiramente à disposição dos trabalhadores e de suas organizações.

O Partido Comunista Russo deve induzir as massas cada vez mais amplas da população trabalhadora a valer-se dos direitos e liberdades democráticas, e deve ampliar as possibilidades materiais nesse sentido.

§ **50** A democracia burguesa proclamou, repetidas vezes, a igualdade dos indivíduos independentemente de sexo, raça, religião e nacionalidade: mas o capitalismo em nenhum lugar foi capaz de realizar essa igualdade de direitos na prática, e em sua fase imperialista, provocou uma extrema intensificação da opressão racial e nacional. Simplesmente porque o Poder Soviético é o Poder operário, ele pôde, completamente e em todas as esferas da vida, pela primeira vez no mundo efetuar a completa abolição dos últimos vestígios da desigualdade das mulheres nas esferas de direitos conjugais e familiares. No momento atual, é tarefa de nosso partido trabalhar, no campo das ideias e no campo da educação preeminentemente para este fim, para que possa efetuar a destruição final de todos os vestígios de antiga desigualdade e preconceito, especialmente entre as camadas atrasadas do proletariado e do campesinato.

Não contente em proclamar uma igualdade formal de direitos para as mulheres, o partido se esforça para libertá-las dos fardos materiais da velha economia doméstica, substituindo essa economia por moradias comunitárias, refeitórios comunitários, lavabos centrais, creches, etc.

§ **51** O Poder Soviético assegura às massas trabalhadoras, em medida incomparavelmente maior do que lhes foi assegurado pela democracia e parlamentarismo burgueses, o poder de proceder à eleição e revogação dos delegados; isso se torna fácil e acessível para o benefício dos trabalhadores e camponeses. Assim, o Poder Soviético compensa os defeitos do sistema parlamentar - especialmente a separação das esferas legislativa e executiva característica desse sistema, a retirada das instituições representativas das massas, etc.

Da mesma forma, o Estado soviético aproxima o aparelho do Estado das massas, de modo que as unidades eleitorais do Estado, as células fundamentais a partir das quais ele é construído, já não se consistem em círculos territoriais, mas são unidades produtivas (fábricas e oficinas).

Nosso partido deve concentrar suas energias na tarefa de aproximar mais os instrumentos do poder e as massas trabalhadoras, com base em uma realização mais clara e plena, por essas massas, da democracia na prática, especialmente promovendo a responsabilidade e prestação de contas das pessoas principalmente interessadas.

§ 52 Enquanto a democracia burguesa, apesar de suas profissões em contrário, fez do exército um instrumento das classes abastadas, separando-o das massas trabalhadoras e colocando-o contra elas, tornando impossível ou difícil para o soldado exercer seus direitos políticos, o Estado Soviético reúne os operários e os soldados em seus órgãos, os sovietes, nos quais têm direitos iguais e interesses idênticos. É tarefa do nosso partido salvaguardar e promover essa união dos operários e dos soldados nos sovietes e fortalecer a unidade indissolúvel das forças armadas com as organizações do proletariado e do semiproletariado.

§ 53 O proletariado urbano industrial, que compreende a parte das massas trabalhadoras mais concentrada, mais unida, mais esclarecida e mais perfeitamente temperada para a luta, deve ser líder de todas as revoluções. Desde o início, o proletariado assumiu esse papel nos sovietes e continuou a desempenhar o papel principal ao longo de seu desenvolvimento em órgãos de poder. Nossa Constituição soviética reflete isso, atribuindo certos direitos preferenciais ao proletariado industrial, em comparação com as massas pequeno-burguesas comparativamente desunidas nas aldeias.

Reconhecendo o caráter temporário desses privilégios, que dependem historicamente da dificuldade de realizar a organização socialista das aldeias, o Partido Comunista Russo deve fazer o máximo, infalível e sistematicamente, para aproveitar bem essa situação do proletariado industrial. Como contrapeso aos estreitos interesses comerciais e artesanais que o capitalismo promoveu entre os trabalhadores, nosso partido deve realizar uma união mais estreita entre a vanguarda dos trabalhadores, por um lado; e as massas relativamente atrasadas e desintegradas do proletariado rural e semiproletariado, junto com os camponeses médios, por outro.

§54 Somente graças à organização soviética do Estado foi possível que a revolução proletária derrubasse e arrasasse, de um só golpe, o velho aparelho de Estado da burguesia, com seu funcionalismo e sua máquina judiciária. No entanto, o nível cultural comparativamente baixo das massas, a falta de experiência necessária de trabalho administrativo naqueles que foram convocados pelas massas para ocupar cargos de responsabilidade, a necessidade de fornecer incentivos excepcionais a especialistas da velha escola cujos serviços são necessários em questões difíceis, em conjunto com a retirada da camada mais avançada dos trabalhadores urbanos (que tiveram que prestar serviço de guerra), levaram a um renascimento parcial da burocracia dentro do sistema soviético.

Engajado em uma luta decisiva com a burocracia, o Partido Comunista Russo defende as seguintes medidas para a completa erradicação desse mal:

1. Todo membro de um soviete deve realizar algum trabalho definido no serviço administrativo.

2. Deve haver uma rotação contínua entre os que exercem tais funções, de modo a que cada membro adquira, por sua vez, experiência em todos os ramos da administração.

3. Aos poucos, toda a população trabalhadora deve ser induzida a se revezar no serviço administrativo.

A aplicação completa e multifacetada de todas essas medidas (que representam mais passos no caminho em que a Comuna de Paris entrou como pioneira), em conjunto com uma simplificação da função de administração quando os trabalhadores tiverem atingido um nível cultural mais elevado, levará ao desaparecimento da autoridade do Estado.

O PROBLEMA DA NACIONALIDADE

§§ 55-57 e 60 Sobre a questão da nacionalidade, o Partido Comunista Russo adota as seguintes teses:

1. É de importância primordial a política de unir os proletários e semiproletários de várias nacionalidades em uma luta revolucionária conjunta pela derrubada dos latifundiários e da burguesia.

§ 58 2. Para superar os sentimentos de desconfiança que as massas trabalhadoras de qualquer país oprimido nutrem em relação ao proletariado do Estado opressor, é essencial anular todo e qualquer privilégio por parte de qualquer grupo nacional, garantir a completa igualdade nacional, e reconhecer que as colônias e nacionalidades oprimidas têm pleno direito de se separar.

3. Para garantir esses fins, o partido recomenda (como passo transitório para a união completa) uma união federativa de todos os Estados organizados em bases soviéticas.

§ 59 4. Com relação à questão de quem tem o direito de expressar a vontade de uma nação se separar, o Partido Comunista Russo adota o ponto de vista histórico de classe, levando em consideração o estágio de desenvolvimento histórico que qualquer nação em particular atingiu – por exemplo, se está passando do medievalismo para a democracia burguesa, da democracia burguesa para a democracia soviética ou proletária, etc.

Em cada caso, por parte do proletariado das nações que são ou foram nações opressoras, é necessário que haja extrema discrição e que a máxima consideração seja dada à sobrevivência dos sentimentos nacionais entre as massas trabalhadoras das nações que foram oprimidas ou foram privadas de direitos iguais. Somente por meio dessa política será possível criar condições para a realização de uma união duradoura e amigável entre os diversos elementos nacionais do proletariado internacional. Isso foi comprovado pela experiência da união com as várias repúblicas soviéticas nacionais adjacentes à Rússia Soviética.

ASSUNTOS MILITARES

§§ 61-62 e 69 No que diz respeito aos assuntos militares, os objetivos do partido são resumidos nas seguintes teses:

1. Durante a época em que o imperialismo está se desintegrando e quando a guerra civil se alastra, é impossível preservar o antigo exército, e é igualmente impossível construir um novo exército sobre a chamada base não-classista ou de nação inteira. O Exército Vermelho, como instrumento da ditadura do proletariado, deve necessariamente ter um caráter de classe declarado; isto é, deve ser composto exclusivamente pelo proletariado e pelas camadas semiproletárias afins do campesinato. Somente quando a classe tiver

desaparecido completamente é que esse exército pode se transformar em uma milícia socialista que inclua todo o povo.

§ 63   2. É essencial que todos os membros do proletariado e semiproletariado recebam treinamento militar e que a instrução militar adequada seja ministrada nas escolas.

§§ 64-65   3. O trabalho de treinamento e instrução militar do Exército Vermelho é realizado com base na solidariedade de classe e no esclarecimento socialista. Por isso deve haver comissários políticos, nomeados entre comunistas de confiança e abnegados, para cooperar com o estado-maior; e todos os grupos comunistas devem ser inspirados com ideias de unidade e disciplina autoimposta.

§ 66   4. Para contrariar o sistema do antigo exército, são necessárias as seguintes medidas: o período de vida do quartel deve ser reduzido ao máximo; os quartéis devem ser assimilados ao tipo de escolas militares e político-militares; deve haver a associação mais próxima possível entre as unidades militares e as fábricas, oficinas, sindicatos e organizações de camponeses pobres.

§ 67 5. A necessária solidariedade e estabilidade só podem ser fornecidas ao jovem revolucionário por meio de um quadro de oficiais composto por operários e camponeses com consciência de classe, nomeados apenas como subalternos no início. Obviamente, portanto, uma das tarefas mais importantes na criação do Exército Vermelho é preparar, para as funções de comandantes, aqueles soldados que são peculiarmente capazes e enérgicos e cuja devoção à causa do socialismo é excepcionalmente ardente.

6. Devemos fazer o maior uso prático possível da experiência operacional e técnica adquirida durante a guerra mundial. No cumprimento desse objetivo, devemos atrair os especialistas militares formados nas escolas do antigo exército para o trabalho de organização do exército e para sua liderança efetiva. Mas uma condição necessária para o emprego de tais especialistas é que a liderança política do exército e o controle efetivo do Estado-maior estejam concentrados nas mãos da classe trabalhadora.

§ 68 7. A exigência da eleição de oficiais, que tinha

por princípio grande importância em relação ao exército burguês, cujos comandantes eram especialmente treinados como aparato de subjugação de classe dos soldados comuns (e, por meio da instrumentalidade do exército comum, dos soldados, a subjugação das massas trabalhadoras), deixa de ter qualquer significado por princípio em relação ao exército de classe dos operários e camponeses. Uma possível combinação de eleição com nomeação de cima pode ser conveniente para o exército revolucionário de classe simplesmente por motivos práticos. Se é assim ou não, depende do nível cultural das unidades militares, do grau de solidariedade entre as seções do exército, da eficiência dos quadros de comando e de considerações semelhantes.

JUSTIÇA PROLETÁRIA

§§ 70-71 Tomando em suas mãos todos os poderes do Estado burguês, e varrendo os instrumentos desse Estado sem deixar vestígios, varrendo os tribunais da velha ordem junto com a fórmula democrático-burguesa de *eleição dos juízes pelo povo*, a democracia proletária emitiu as palavras de ordem de classe: *eleição de juízes entre os trabalhadores e pelos trabalhadores somente.* Aplicou essas palavras de ordem em toda a administração da justiça e, ao mesmo tempo, igualou os direitos dos dois sexos, tanto em matéria de eleição de juízes como em matéria de serviço obrigatório do júri.

A fim de inscrever as massas mais amplas possíveis do proletariado e do campesinato pobre para a administração da justiça, foi estabelecido que juízes-assessores [jurados] deveriam participar nos tribunais, continuamente alterados em breves intervalos, e foi estipulado que as listas de júri devem ser elaboradas mostrando os membros das organizações de massas dos trabalhadores, dos sindicatos, etc.

§§ 72-73 Tendo criado um tribunal popular unificado no lugar da interminável série de antigos tribunais da ordem social que haviam sido varridos (o sistema de tribunais superiores e inferiores em vários graus), o Poder Soviético construiu seu próprio sistema judicial, tornando-o facilmente acessível à população e pondo fim a todos os atrasos na administração da justiça.

Tendo anulado as leis da administração derrubada, o Poder Soviético deixou, aos tribunais soviéticos eleitos, a realização da vontade do proletariado e a aplicação prática de seus decretos. Nos casos não previstos pelos decretos, ou aos quais os decretos não sejam integralmente aplicáveis, os tribunais devem se orientar por um sentido socialista de equidade.

§ **74** No domínio da justiça penal, os tribunais assim organizados já efetuaram uma mudança radical no caráter da punição, realizando, em grande medida, a pena condicional, introduzindo a censura social como método penal, substituindo o trabalho compulsório enquanto o delinquente permanece foragido pela privação de liberdade, substituindo estabelecimentos de ensino por prisões, e tornando possível concretizar, como medida prática, a instituição de tribunais camaradas.

§ **75** O Partido Comunista Russo, na expectativa de um maior desenvolvimento da justiça por esse caminho, deve se esforçar por assegurar que toda a população trabalhadora participe alternadamente no cumprimento das funções judiciais, e que o sistema penal seja finalmente transformado num sistema de medidas de carácter educativo.

EDUCAÇÃO

§§ 76-77 No domínio da educação popular, o Partido Comunista Russo aceitou como tarefa a conclusão do trabalho iniciado pela revolução de novembro de 1917, a transformação da escola para que, de órgão de manutenção do domínio de classe da burguesia, torne-se um órgão para a abolição completa da divisão da sociedade em classes, um órgão para a regeneração comunista da sociedade.

§ 78 No período da ditadura do proletariado, isto é, no período em que se preparam as condições que permitirão a realização plena do comunismo, a escola não deve ser apenas um meio de transmissão dos princípios do comunismo em geral, mas um meio para a transmissão da ideologia e da influência organizacional e educacional do proletariado para as camadas semiproletárias e não proletárias das massas trabalhadoras, com o fim de que, em última análise, seja educada um nova geração capaz de estabelecer o comunismo. Atualmente, o primeiro passo nesse caminho parece ser o desenvolvimento das mudanças escolares e culturais fundamentais abaixo mencionadas já introduzidas pelo Poder Soviético:

§ 80 1. Introdução do ensino gratuito, obrigatório, geral e técnico para todas as crianças de ambos os sexos até aos 17 anos (O ensino técnico proporcionará o conhecimento da teoria e prática dos principais ramos de produção).

§ 79 2. Criação de uma rede de instituições preparatórias para a vida escolar, com creches, jardins de infância, lares de crianças, etc., para a melhoria da educação social e ou a libertação das mulheres.

§ 80 3. Plena realização dos princípios da escola unificada do trabalho, com instrução na língua nativa, coeducação, instrução absolutamente laica (isto é, educação inteiramente livre de qualquer tipo de influência religiosa), uma instrução em que a teoria estará intimamente ligada ao trabalho socialmente produtivo, uma instrução que produzirá um desenvolvimento multifacetado dos membros da sociedade comunista.

4. Fornecimento a todos os alunos, a expensas do Estado, de alimentação, vestuário, calçado e material escolar.

§ 85 5. Criação de novos revezamentos de trabalhadores da educação permeada pelas ideias do comunismo.

§ 84 6. Indução de toda a população trabalhadora na participação ativa da difusão do esclarecimento (o desenvolvimento dos sovietes de instrução pública, a mobilização de todos os que sabem ler e escrever, etc.).

§§ 84-83 7. Auxílios estatais multifacetados para a autoeducação de trabalhadores e camponeses (criação de uma rede de instituições de instrução extraescolar: bibliotecas, escolas para adultos, casas populares e universidades, cursos, palestras, cinemas, etc.).

§ **81** 8. O desenvolvimento amplo da formação profissional para alunos com idade superior a 17 anos, em associação com o ensino politécnico geral.

§ **82** 9. Fácil acesso às salas de aula das universidades para todos os que o desejarem, e especialmente para os trabalhadores; abertura das universidades como campo para a atividade docente de todas as pessoas competentes; remoção de todos os obstáculos artificiais que agora possam impedir o acesso de novas forças docentes às cátedras; atenção ao bem-estar material dos alunos, para que seja possível e de maneira prática para proletários e camponeses frequentar as universidades.

§ **88** 10. Da mesma forma, é essencial facilitar o acesso dos trabalhadores a todos os tesouros artísticos que foram criados com base na exploração do seu trabalho, e que até agora estiveram à disposição exclusivamente dos exploradores.

§ **87** 11. Desenvolvimento de uma extensa propaganda das ideias comunistas e a utilização de todos os aparatos e meios do Poder de Estado para esse fim.

RELIGIÃO

§§ 89-92 No que diz respeito à religião, o Partido Comunista Russo não se contenta em já ter decretado a separação da Igreja do Estado e da escola da Igreja, isto é, de ter tomado medidas que a democracia burguesa inclui em seus programas, mas que em nenhum lugar executou devido às múltiplas associações que, de fato, se estabelecem entre o capital e a propaganda religiosa.

O Partido Comunista Russo é guiado pela convicção de que nada além do cumprimento do propósito e da plena consciência em todas as atividades sociais e econômicas das massas pode levar ao completo desaparecimento dos preconceitos religiosos. O partido se esforça para assegurar a completa ruptura da união entre as classes exploradoras e as organizações de propaganda religiosa, cooperando, assim, para a libertação efetiva das massas trabalhadoras dos preconceitos religiosos e organizando a mais ampla propaganda de esclarecimento científico e concepções antirreligiosas. Ao fazer isso, devemos evitar cuidadosamente qualquer coisa que possa ferir os sentimentos dos crentes, pois tal método só pode levar ao fortalecimento do fanatismo religioso.

ASSUNTOS ECONÔMICOS

§ 93 O partido deve completar inexoravelmente a expropriação da burguesia, que já começou, e que no que é principal e essencial já foi realizada. Como resultado dessa expropriação, os meios de produção e de troca passam para a propriedade da República Soviética e tornam-se, dessa forma, propriedade comum de todos os trabalhadores.

§ 94 É parte essencial da política econômica do Poder Soviético garantir um aumento universal das forças produtivas do país. Perante a desorganização generalizada, para a preservação do país, todas as outras considerações devem ser subordinadas a um objetivo prático - um rápido aumento, por todos os meios disponíveis, da quantidade de bens de que a população necessita urgentemente. O sucesso no funcionamento de cada instituição soviética preocupada com a vida econômica deve ser medido pelos resultados práticos que são garantidos nessa questão de aumento da produção.

A esse respeito, as considerações mais importantes são as seguintes.

§ 95 O desmoronamento da economia imperialista deixou como herança, ao período inicial da reconstrução soviética, uma condição absolutamente caótica, tanto no que diz respeito à organização quanto à administração da produção. Assim, uma de nossas tarefas fundamentais, uma de nossas necessidades mais urgentes, é assegurar a maior coesão possível em todas as atividades econômicas do país, que devem ser unificadas de acordo com um desígnio governamental geral. Devemos efetuar a centralização máxima da produção no sentido de unificá-la em ramos individuais e grupos de ramos, no sentido de concentrá-la nas melhores unidades produtivas possíveis, e no sentido do mais rápido cumprimento das tarefas econômicas. Devemos garantir a máxima solidariedade de todo o aparato econômico, utilizando racional e economicamente todos os recursos materiais do país.

§ **96** Para isso, devemos promover estreita colaboração econômica e aliança política com outros povos, procurando simultaneamente estabelecer um plano econômico unificado em conjunto com aqueles entre eles que já estabeleceram um sistema soviético.

§ **97** No que diz respeito à produção em pequena escala e à indústria doméstica, devemos fazer o maior uso possível delas, dando ordens governamentais aos trabalhadores domésticos. A indústria doméstica e a produção em pequena escala devem ser incluídas no plano geral de abastecimento de matérias-primas e combustíveis; e devem receber apoio financeiro ou sob a condição de que os diversos trabalhadores domésticos, *artels*[2] de

---

[2] Um *artel* é uma união de produtores trabalhadores, sejam agrícolas ou industriais. Uma espécie de cooperativa de produção, mas não é direcionada para a comercialização dos produtos. O termo *artel* foi mantido justamente por esta diferença com a cooperativa, que também comercializa sua produção.

trabalhadores domésticos, cooperativas produtivas e outros pequenos empreendimentos possam se combinar para formar unidades produtivas e industriais maiores. Devemos encorajar tais sindicatos, enquanto nos esforçamos por essas e uma série de outras medidas para neutralizar os esforços dos trabalhadores domésticos para se tornarem pequenos fabricantes independentes. Devemos, portanto, promover a transição indolor dessa forma de produção obsoleta para a forma superior de usinagem em grande escala.

§ 98 O aparelho organizado de produção social deve depender principalmente dos sindicatos. Esses sindicatos devem se libertar cada vez mais dos vínculos de ofício. Devem ser transformadas em enormes unidades produtivas, envolvendo primeiro a maioria dos trabalhadores, e no devido tempo, todos os trabalhadores nos respectivos ramos de produção.

Na medida em que os sindicatos já são (conforme especificado nas leis da República Soviética e concretizado na prática) participantes em todos os órgãos locais e centrais que administram a indústria, eles devem proceder à concentração prática em suas próprias mãos do trabalho de administração em toda a vida econômica do país, fazendo disso seu objetivo econômico unificado. Assim, protegendo a união indissolúvel entre a autoridade central do Estado, a economia nacional e as amplas massas dos trabalhadores, os sindicatos devem, na medida do possível, induzir os trabalhadores a participar diretamente no trabalho da administração econômica. A participação dos sindicatos na condução da vida econômica e o envolvimento por eles, das amplas massas populares nesse trabalho, pareceria, ao mesmo tempo, ser nosso principal auxílio na campanha contra a burocratização do aparelho econômico do Poder Soviético. Isso também facilitará o estabelecimento de um controle popular efetivo sobre os resultados da produção.

§ 99 Para o desenvolvimento intencional da vida econômica, é essencial utilizar ao máximo todo o poder de trabalho à disposição do Estado. Sua correta atribuição e reatribuição entre as várias áreas territoriais e entre os diversos ramos da vida econômica é a principal tarefa da política econômica do Poder Soviético. Isso não pode ser realizado de outra forma, senão por uma associação íntima entre o Poder Soviético e os sindicatos. A mobilização geral pelo Poder Soviético, de todos os membros da população que estejam física e mentalmente aptos para o trabalho (uma mobilização a ser efetuada por meio dos sindicatos) para o cumprimento de deveres sociais definidos, deve ser alcançada de forma muito mais ampla e sistematicamente do que até agora.

§ 100 Apesar da desintegração das organizações capitalistas do trabalho, as energias produtivas do país podem ser renovadas e desenvolvidas, mas o método socialista de produção não pode ser consolidado senão pelo estabelecimento de uma disciplina de camaradagem entre os trabalhadores, pela conquista da máxima independência, pela aquisição de um senso de responsabilidade e pelo mais estrito controle mútuo sobre o trabalho produtivo.

Para alcançar esse fim, é necessário um trabalho perseverante e sistemático para a educação das massas, que agora será facilitado pelo fato de estarem realmente testemunhando a derrubada do capitalista, do latifundiário e do comerciante, e pelo fato de que sua própria experiência prática está lhes convencendo de que seu bem-estar depende exclusivamente da disciplina de seu próprio trabalho.

Nesse trabalho de criação de uma nova disciplina socialista, o papel principal é atribuído aos sindicatos. Estes últimos, abandonando a velha rotina, devem, para a concretização do novo objetivo, pôr em prática várias medidas, tais como a introdução da contabilidade, o estabelecimento de uma jornada normal de trabalho e de uma intensidade normal de trabalho, a inauguração da responsabilidade perante os tribunais trabalhistas camaradas, etc.

§ **101** Essa tarefa de desenvolver as forças produtivas requer, para sua execução, a utilização imediata, ampla e multifacetada dos especialistas (cientistas e técnicos) que nos foram legados pelo capitalismo. Devemos usá-los, apesar do fato de que, inevitavelmente, na maioria dos casos, eles foram nutridos pela filosofia capitalista e foram treinados em hábitos burgueses. O partido considera que o período de luta aguda com os pertencentes a esse estrato - luta que teve origem na sabotagem que organizaram - chegou ao fim, na medida em que a força do movimento de sabotagem foi quebrada. O partido, portanto, deve seguir sua política em estreita aliança com os sindicatos. Por um lado, deve evitar fazer qualquer concessão política aos membros do estrato burguês, e deve suprimir impiedosamente qualquer inclinação que eles possam exibir em direção à contrarrevolução. Por outro lado, não deve menos impiedosamente travar uma guerra contra o chamado radicalismo (na verdade, uma forma ignorante de presunção) daqueles que acreditam que os trabalhadores podem superar o capitalismo e o sistema burguês sem aprender com os especialistas burgueses, sem recorrer a esses especialistas e sem ir à escola com eles por um período considerável.

Enquanto se esforça para garantir a igualdade de remuneração para todos os trabalhadores, e enquanto visa ao estabelecimento do comunismo completo, o Poder Soviético não pode se esforçar para concluir a plena realização dessa igualdade no momento atual, quando mal foram dados os primeiros passos para a transformação do capitalismo em comunismo. Portanto, será necessário manter, por um certo tempo, o sistema de remuneração especialmente alta para os peritos, para que funcionem melhor do que antes e não pior. Para esse fim, não devemos recear o pagamento de prêmios por trabalho excepcionalmente bem-sucedido e por trabalho realizado a título de gestão.

Da mesma forma, devemos colocar os especialistas burgueses em um ambiente de trabalho social camarada, onde eles vão conviver com a base dos trabalhadores, também com os mais avançados entre os comunistas com consciência de classe. Dessa forma, um entendimento mútuo será assegurado, e o abismo que existia sob o capitalismo entre trabalhadores mentais e trabalhadores manuais será superado.

§ 102 O Poder Soviético já adotou toda uma série de medidas visando ao desenvolvimento da ciência e seu casamento com a produção.

Criou uma rede de novos institutos de ciência aplicada, laboratórios, estações experimentais, trabalhos experimentais para a experimentação de novos métodos técnicos; fez melhorias e invenções; tem agendado e organizou os meios morais e materiais de que dispomos para fins científicos; etc. O Partido Comunista Russo apoia todas essas medidas, esforça-se por promover o seu desenvolvimento e ajudar na criação de condições mais favoráveis ao estudo científico e à utilização da ciência para o aumento da energia produtiva do país.

AGRICULTURA

§§ **103-109** O Poder Soviético, tendo abolido completamente a propriedade privada da terra, já instituiu toda uma série de medidas para promover a organização da agricultura socialista em grande escala. As mais importantes dessas medidas são as seguintes: (1) a fundação de fazendas soviéticas, ou seja, de grandes economias socialistas; (2) o apoio de *artels* ou cooperativas para o cultivo comunal da terra; (3) a organização do cultivo estatal de todos os tipos de terras não cultivadas; (4) a mobilização do Estado de todos os peritos agrícolas, para que sejam tomadas medidas enérgicas para o aperfeiçoamento dos métodos agrícolas; e (5) o apoio das comunas agrícolas, como associações puramente voluntárias de agricultores para a conduta cooperativa da agricultura em grande escala.

Considerando que todas essas medidas tendem integralmente a favorecer o aumento absolutamente essencial da produtividade do trabalho agrícola, o Partido Comunista Russo se esforça para torná-las tão eficazes quanto possível, difundi-las amplamente pelas regiões mais atrasadas do país e encorajar outros avanços do mesmo caráter.

§§ 110-111 Em especial, o Partido Comunista Russo defende:

1. Amplo apoio estatal às cooperativas agrícolas que se dedicam à elaboração de produtos agrícolas;

2. Ampla introdução de métodos de melhoramento da terra; e

3. Fornecimento generalizado e intencional de implementos agrícolas aos camponeses pobres e aos camponeses médios. Isso deve ser feito por meio de estações de empréstimo.

§ 112 Tendo que contar com o fato de que a pequena agricultura camponesa continuará existindo por muitos anos, o Partido Comunista Russo se esforça para promover uma série de medidas que tendem a aumentar a produtividade da agricultura camponesa. Entre essas medidas podem ser enumeradas: (1) regularização da lavoura camponesa (abolição do sistema de cultivo em faixas, etc.); (2) fornecimento de sementes melhores e de estrume artificial aos camponeses; (3) melhoramento da raça do gado dos camponeses; (4) difusão geral do conhecimento agrícola especializado; (5) assistência agrícola especializada aos camponeses; (6) reparação dos implementos agrícolas dos camponeses nas oficinas soviéticas; (7) fundação de estações de empréstimo, estações experimentais, campos de demonstração, etc.; e (8) melhoria das terras camponesas.

§ **113** O abismo entre a cidade e o campo é sempre uma das principais causas do atraso dos distritos rurais, tanto no que diz respeito aos métodos agrícolas como à cultura mental. Contudo, em uma época profundamente crítica como a atual, essa clivagem envolve, tanto para a cidade quanto para o campo, o perigo iminente de ruína absoluta. O Partido Comunista Russo considera, portanto, pôr fim a essa separação como uma das tarefas fundamentais da política construtiva comunista. Além das medidas gerais que defende, considera essenciais: a atração generalizada e intencional dos trabalhadores industriais para ocupações agrícolas conduzidas comunitariamente; o desenvolvimento da atividade do Comitê de Colaboração Operária (um ramo da atividade do Estado já instituído pelo Poder Soviético); e medidas semelhantes.

§ **114** Em todo o seu trabalho nos distritos rurais, o Partido Comunista Russo conta principalmente com o apoio das camadas proletárias e semiproletárias dessas regiões. Em primeiro lugar, organiza esses locais como forças independentes, formando ramos do partido nas aldeias, organizações dos camponeses pobres, um tipo peculiar de sindicatos para os proletários e semiproletários rurais, etc. - trazendo esses trabalhadores rurais, em todos os lugares, em estreitas relações com o proletariado urbano, e libertando-os da influência da burguesia rural e dos interesses de pequenos proprietários.

No que diz respeito aos camponeses ricos - a burguesia rural - a política do Partido Comunista Russo assume a forma de uma luta decisiva contra suas inclinações exploradoras e de medidas para esmagar sua resistência à política soviética.

No caso do campesinato médio, a política do Partido Comunista Russo é, gradualmente e de propósito definido, atraí-los para o trabalho de construção socialista. O partido visa a separá-los dos camponeses ricos, trazê-los para o lado da classe trabalhadora, prestando atenção especial às suas necessidades. Tenta superar seu atraso em questões culturais por meio de medidas de caráter ideológico, evitando cuidadosamente quaisquer medidas coercitivas. Em todas as ocasiões em que seus interesses vitais são tocados, se esforça para chegar a um acordo prático com eles, fazendo-lhes concessões que promovam a reorganização socialista.

DISTRIBUIÇÃO

§§ 115-119 Na esfera da distribuição, a tarefa do Poder Soviético no momento atual é continuar infalivelmente a substituição do comércio por uma distribuição intencional de bens, por um sistema de distribuição organizado pelo Estado em escala nacional. O objetivo é conseguir a organização de toda a população em uma rede integral de comunas de consumidores que seja capaz de distribuir, com a máxima rapidez, propósito, economia e um gasto mínimo de trabalho, todos os bens necessários, enquanto estiver estritamente centralizando todo o aparato distributivo.

Sobre a fundação das comunas de consumidores e acerca de sua unificação, deve ser construída uma cooperação genuína, abrangente e operante, tomando a forma de uma imensa organização de consumidores que se tornará um aparelho de distribuição em massa mais perfeito do que qualquer outro conhecido pelo povo na história do capitalismo.

Por uma questão de princípio, o Partido Comunista Russo sustenta que o caminho adequado em relação a esse problema de distribuição é não eliminar o aparato cooperativo, mas desenvolvê-lo em linhas comunistas. O partido seguirá essa política sistematicamente. Ordena a todos os membros do partido que trabalhem nas cooperativas e (com a ajuda dos sindicatos) as administrem no espírito comunista; que promovam a independência e a disciplina de toda a população trabalhadora reunida em cooperativas; que se esforcem para que toda a população entre nas cooperativas e que essas cooperativas se fundem em uma única grande cooperativa, que abranja toda a República Soviética, de cima abaixo; por último, e sobretudo, que se mantenha continuamente o domínio do proletariado sobre os outros estratos dos trabalhadores, e que em toda parte sejam postas em prática várias medidas para facilitar e realizar a transição das cooperativas pequeno-burguesas do velho tipo capitalista para as comunas de consumidores lideradas pelos proletários e semiproletários.

DINHEIRO E BANCOS

§§ **120-121** Evitando os erros cometidos pela Comuna de Paris, o Poder Soviético na Rússia primeiro tomou o Banco do Estado, depois nacionalizou os bancos comerciais privados e formou uma união de bancos nacionalizados e de seus fundos acumulados, fundindo-os no Banco do Estado. Desta forma foi criado o quadro do Banco Popular da República Soviética. Assim, de centro de domínio econômico do capital financeiro e instrumento de domínio político dos exploradores, o banco passou a ser instrumento do poder operário e alavanca para promover a transformação econômica. Para levar à conclusão lógica do trabalho iniciado pelo Poder Soviético, o Partido Comunista

Russo dá especial ênfase aos seguintes princípios:

1. Monopolização de todos os negócios bancários nas mãos do Estado soviético; e

2. Transformação radical e simplificação das operações bancárias, de modo que todo o sistema bancário se torne um aparelho para a contabilidade unificada da República Soviética. Na medida em que a organização de uma economia social intencional for alcançada, isso levará ao desaparecimento dos bancos e à sua conversão no estabelecimento central de contabilidade da sociedade comunista.

No estágio inicial da transição do capitalismo para o comunismo, e antes da organização de um sistema totalmente desenvolvido para a produção e distribuição de bens comunistas, a abolição do dinheiro é impossível. Nessas circunstâncias, os elementos burgueses da população continuam a usar, para especulação, lucro e pilhagem dos trabalhadores, e as moedas monetárias que ainda permanecem em propriedade privada. Com base na nacionalização do sistema bancário, o Partido Comunista

Russo se esforça para promover uma série de medidas que favoreçam um sistema de contas sem dinheiro e pavimentar o caminho para a abolição do dinheiro. São eles: o depósito obrigatório de dinheiro no Banco Popular; a introdução de livros orçamentais; a substituição do dinheiro por fichas escritas ou impressas, por bilhetes que dão direito ao reembarque de mercadorias, mas disponíveis apenas por curtos períodos; etc.

FINANÇAS

§§ 122-123 Na época em que se iniciou a socialização dos meios de produção confiscados aos capitalistas, o Poder de Estado deixou de ser um aparelho parasitário alimentado pelo processo produtivo. Começou, então, sua transformação em uma organização que cumpre diretamente a função de administrar a vida econômica do país. Nessa medida, o Orçamento do Estado será um orçamento do conjunto da economia nacional. Nessas condições, o balanceamento de receitas e despesas só pode ser efetuado por meio de um registro preciso da produção e distribuição de bens realizado sistematicamente pelo Estado. No que diz respeito ao custeio das despesas extraordinárias do Estado durante o período de transição, o Partido Comunista Russo defende que o sistema de taxas sobre os capitalistas, que era historicamente necessário e legítimo na fase inicial da revolução, seja substituído por uma renda graduada e contribuição predial. Mas na medida em que esse imposto deixa de ser lucrativo em vista da expropriação amplamente efetuada das classes possuidoras, as despesas do Estado devem ser cobertas pela conversão, direta para esse fim, de parte da renda de vários monopólios estatais.

O PROBLEMA DA HABITAÇÃO

§§ **125-126** O problema da habitação tornou-se extremamente agudo durante o período da guerra. Para ajudar em sua solução, o Poder Soviético expropriou completamente todas as casas pertencentes aos latifundiários capitalistas e as entregou aos sovietes urbanos. Efetuou assentamentos em massa de trabalhadores dos subúrbios nas residências burguesas. Entregou as melhores dessas moradias às organizações operárias, providenciando a manutenção das casas a expensas do Estado; comprometeu-se a fornecer móveis às famílias dos trabalhadores, etc. O Partido Comunista Russo, sem fazer nada contrário aos interesses dos proprietários não capitalistas, deve envidar todos os esforços para descobrir e aplicar os melhores meios para a melhoria das condições de moradia das massas trabalhadoras; para acabar com a superlotação e as condições insalubres dos bairros mais antigos das cidades; para a destruição de habitações impróprias para habitação, a renovação de casas antigas e a construção de novas casas adequadas às novas condições de vida da classe trabalhadora; em geral, para o realojamento racional dos trabalhadores.

PROTEÇÃO TRABALHISTA E SOCIAL, TRABALHO DE BEM-ESTAR

§§ 127-128 A instauração da ditadura do proletariado possibilitou, pela primeira vez, a plena realização do programa mínimo dos partidos socialistas no domínio da proteção do trabalho. Em seu Código de Leis do Trabalho, o Poder Soviético decretou formalmente: uma jornada de trabalho de oito horas para todos os trabalhadores como o tempo máximo de trabalho, mas para pessoas que não excedam dezoito anos de idade, e também em ramos de produção especialmente prejudiciais, e também para os mineiros, a jornada de trabalho não deve exceder seis horas; um período de quarenta e duas horas por semana de descanso ininterrupto para todos os trabalhadores; horas extras são, via de regra, proibidas; é proibido o emprego de mão de obra de crianças e jovens menores de dezesseis anos; o trabalho noturno, o trabalho em ofícios prejudiciais e também as horas extras são proibidos para todas as mulheres e também para os jovens menores de dezoito anos; durante oito semanas antes e oito semanas depois do parto as mulheres não trabalham, mas continuam a receber o pagamento integral, juntamente com assistência médica e medicamentos gratuitos, e as mulheres trabalhadoras que amamentam recebem, durante o horário de trabalho, meia hora de licença a cada três horas; a fiscalização do trabalho e a fiscalização sanitária pelos sovietes eleitos pelos sindicatos.

§§ 130-132 Para todos os trabalhadores que não exploram o trabalho alheio, a legislação do Poder Soviético prevê um seguro social completo contra qualquer tipo de perda de capacidade de trabalho, também (pela primeira vez na história) contra o desemprego à custa dos empregadores e do Estado, com total independência por parte do segurado, juntamente com a participação íntima dos sindicatos.

§ 133 Mais do que isso, em certos aspectos, o Poder Soviético foi além do programa mínimo, e no já mencionado Código de Leis do Trabalho, providenciou a participação das organizações trabalhistas na decisão das questões relativas à contratação e demissão dos trabalhadores. Para todos os trabalhadores que tenham trabalhado continuamente por não menos de um ano, é decretado um mês de férias com remuneração integral. O Código prevê a regulação estatal dos salários com base em tabelas elaboradas pelos sindicatos. O Código prevê, ainda, a formação de órgãos ou departamentos especiais para a atribuição e distribuição da força de trabalho pelos sovietes e sindicatos, tornando obrigatória a prestação de trabalho aos desempregados.

§ 129 Mas a extrema desorganização resultante da guerra e do ataque do imperialismo mundial obrigaram o Poder Soviético a retroceder alguns passos: recorrer, em circunstâncias excepcionais, ao trabalho extraordinário, limitando-o a cinquenta dias por ano; permitir o emprego de jovens de quatorze a dezesseis anos de idade, limitando sua jornada de trabalho a quatro horas; provisoriamente, as férias do mês foram reduzidas para quinze dias; aumentar a duração do trabalho noturno para sete horas.

§ 134 O Partido Comunista Russo deve fazer ampla propaganda em nome da participação ativa de todos os trabalhadores na aplicação enérgica das medidas de proteção ao trabalho. Para isso, são necessárias as seguintes medidas:

1. A organização e a extensão da fiscalização do trabalho devem ser ativamente assumidas. Para isso, devem ser selecionados e treinados trabalhadores ativos, tirados entre as fileiras dos trabalhadores braçais, e esse método de inspeção deve ser estendido à produção em pequena escala e à indústria doméstica.

2. A proteção trabalhista deve ser estendida a todos os ramos de trabalho, incluindo a construção civil, o transporte terrestre e o aquático, o serviço doméstico e a agricultura.

3. O trabalho industrial e agrícola deve

ser absolutamente proibido durante a infância, e deve haver uma nova redução da jornada de trabalho no caso dos jovens.

Além disso, o Partido Comunista Russo deve realizar as seguintes tarefas:

1. Quando ocorrer um aumento generalizado da produtividade do trabalho, deve haver uma jornada máxima de trabalho de seis horas sem qualquer diminuição da remuneração, e além das seis horas haverá duas horas de trabalho obrigatório sem remuneração especial, durante as quais haverá instrução em artesanato e teoria da produção, instrução prática na técnica do trabalho administrativo do Estado e treinamento militar.

2. A introdução de um sistema de prêmios que promova a emulação, a fim de aumentar a produtividade do trabalho.

Na esfera do trabalho de assistência social, o Partido Comunista Russo se esforça para organizar um amplo sistema de ajuda estatal, não apenas para as vítimas da guerra e do infortúnio resultante de causas elementares, mas também para as vítimas de condições sociais anormais; trava uma luta vigorosa contra todas as formas de parasitismo e ociosidade; e se encarrega de levar de volta à vida de trabalho todos aqueles que as circunstâncias expulsaram das fileiras dos trabalhadores.

HIGIENE PÚBLICA

§§ 135-138 Como fundamento de suas atividades no domínio da proteção da saúde pública, o Partido Comunista Russo propõe, em primeiro lugar, a introdução de medidas higiênicas e sanitárias visando à prevenção de doenças. A ditadura do proletariado já possibilitou a introdução de um grande número de medidas higiênicas e curativas que eram impraticáveis no âmbito da sociedade burguesa: por exemplo, a nacionalização do negócio das farmácias de varejo, das grandes clínicas fundadas e gerida pela iniciativa privada, de balneários de águas termais; o estabelecimento do dever de trabalho para todos os trabalhadores médicos; etc.

Em conformidade com isso, o Partido Comunista Russo considera como suas tarefas imediatas:

1. O cumprimento vigoroso de medidas sanitárias extensivas tomadas no interesse dos trabalhadores, tais como: (a) melhoria das condições sanitárias de todos os locais de recurso público e a proteção da terra, da água e do ar; (b) a organização das cozinhas comunitárias e do abastecimento alimentar em geral com base científica e higiênica; (c) medidas para prevenir a propagação de doenças de caráter contagioso; e (d) legislação sanitária.

2. Campanha contra as doenças sociais (tuberculose, doenças venéreas, alcoolismo, etc.).

3. Prestação gratuita de aconselhamento e

tratamento médico a toda a população.

SOBRE OS AUTORES

NIKOLAI BUKHARIN

Nikolai Ivanovich Bukharin nasceu em Moscou em 09 de outubro de 1888, ode também faleceu em 15 de março de 1938. Profícuo autor sobre a Teoria Revolucionária, Bukharin foi filósofo marxista, político e revolucionário bolchevique.

IEVGENI PREOBRAZENSKI

Ievgeni Alekseievitch Preobrazenski nasceu em Bolkhov,

província de Oriol, em 15 de fevereiro de 1886, e faleceu em Moscou em 13 de julho de 1937. Cursou Direito e Economia, foi membro do Comitê Central do Partido Comunista da União Soviética, e é considerado o pai do planejamento soviético.

SOBRE A TRADUTORA

Elita de Medeiros cursou Letras Português e Inglês na Universidade do Sul de Santa Catarina (UNISUL), Letras Espanhol na Universidade Federal de Santa Catarina (UFSC), mestrado em Educação na UNISUL e é doutoranda em Estudos da Linguagem com área de concentração em Teorias do Texto, do Discurso e da Tradução na Universidade Federal Fluminense (UFF).